Jutta Schütz wurde 1960 in Lebach (Saarland) geboren.

Mit ihrem ersten Bestseller „Plötzlich Diabetes" gilt die Autorin bei Kritikern als Querdenkerin.
2010 startete sie mit ihren Gesundheitsbüchern ihr Pilotprojekt in Bruchsal und später bei der VHS in Wolfsburg.

Als Journalistin schreibt Schütz für Gesundheit, Kunst, Literatur, Musik, Film, Bühne, Entertainment und Medien, sowie für verschiedene Zeitungen interessante Presseartikel.

Mehr Infos finden Sie auf der Webseite der Autorin.

http://www.jutta-schuetz-autorin.de/

Orientalische Rezepte
Kulinarische Köstlichkeiten
aus 1001 Nacht
Text: © 2014 Jutta Schütz

Hören wir das Wort „Orient", verbinden wir es stark mit arabischen Ländern, orientalischem Essen und Tanz. Die orientalische Küche hat auch bei uns viele Anhänger gefunden. Das ist kein Wunder, schließlich sorgen die unterschiedlichen Gewürze und Geschmacksrichtungen für ordentliche Abwechslung auf dem Speiseplan.

❖ Wissenswertes über den Orient:
Der Orient zieht sich fast um den halben Globus und umfasst den Nordafrikanischen Raum, den Nahen Osten und den Mittleren Osten. Die drei Weltreligionen, Christen- und Judentum und der Islam haben ihre Ursprünge im Orient.

❖ Zu den orientalischen Ländern zählen:
Afghanistan, Algerien, Ägypten, Bahrain, Iran, Irak, Israel, Jemen, Jordanien, Katar, Kuwait, Libanon, Libyen, Marokko, Mauretanien, Oman, Pakistan, Palästina, Saudi-Arabien, Somalia, Syrien, Sudan, Tunesien, Türkei, Vereinigte Arabische Emirate.

❖ Mit ihren Gerüchen von:
Safran, Cayennepfeffer, Zimt, Kurkuma und Koriander ist die orientalische Küche ein wahres Feuerwerk für unsere Sinne. Es werden Mandeln, Feigen, Datteln, Pistazien und Hülsenfrüchte angebaut. Bohnen, Linsen, und Kichererbsen dienen als Grundnahrungsmittel. Die orientalische Küche ist einfach märchenhaft.

Feurige Gewürze, der Duft von orientalischen Gewürzen sowie geschmortes Fleisch und Gemüse zaubern einen Hauch von „1001 Nacht".

Die Erzählungen von 1001 Nacht sind weit mehr als nur Märchen für Kinder

Text: © 2014 Jutta Schütz

Die Geschichte von „Scheherazade" basiert auf einer alten persischen Märchensammlung mit dem Namen „Hezâr Afsâna, Tausend Mythen".

Das Märchen von 1001 Nacht ist eine Rahmengeschichte, in die Einzelerzählungen verwoben sind. Die Hauptfiguren sind die Geschichtenerzählerin Scheherazade, und der grausame König Schariyar.

Schariyar, der von seiner Frau mit einem schwarzen Sklaven betrogen wurde, fasst den Entschluss, sich nie wieder von einer Frau betrügen zu lassen. Aus diesem Grunde heiratet er jede Nacht eine Jungfrau seines Reiches, die er am nächsten Tag töten lässt.
Auch Scheherazade ist vom König zum Tode verurteilt worden.
Sie beginnt in der Nacht dem König eine Geschichte zu erzählen, deren Handlung im Morgengrauen abbricht.
Neugierig auf das Ende geworden, lässt der König sie am Leben und verschiebt die Hinrichtung.
Scheherazade wird dabei von ihrer Schwester Dinharazade unterstützt, die sich neue Geschichten ausdenkt.

Dieses Spiel wiederholt sich 1001 Nächte lang, bis der König ein Einsehen hat. In dieser Zeit gebärt Scheherazade dem König drei Kinder.
Am Ende ist der König von der Klugheit und Treue seiner Frau überzeugt und lässt sie am Leben.

© 2014 Autor: Jutta Schütz (2. Auflage)
Webseite: http://www.jutta-schuetz-autorin.de/
E-Mail: info.jschuetz@googlemail.com

© 2014 Herstellung und Verlag: BoD – Books on Demand, Norderstedt

© 2014 Buch-Idee, Umschlaggestaltung, Illustration, Satz:
Jutta Schütz
Webseite: http://www.jutta-schuetz-autorin.de/
E-Mail: info.jschuetz@googlemail.com

ISBN 978-3-7357-3751-9

Bibliografische Information der Deutschen Nationalbibliothek:
Die Deutsche Nationalbibliothek verzeichnet diese Publikation in der Deutschen Nationalbibliografie; detaillierte bibliografische Daten sind im Internet über http://dnb.d-nb.de abrufbar.

Jutta Schütz

Scheherazades
LOW CARB
REZEPTE
Ein Hauch von 1001 Nacht

2. Auflage

Inhaltsverzeichnis

Alle Rezepte sind für 2 Personen

Alibabas Räuber Lamm Eintopf

Zutaten:

- ➢ 500 g Lammfleisch
- ➢ 2 Zwiebeln
- ➢ 150 g Aubergine
- ➢ 50 g Datteln
- ➢ ½ Zitrone
- ➢ 2 EL Olivenöl
- ➢ ½ TL Salz
- ➢ 2 – 3 Prisen Pfeffer
- ➢ ½ TL Currypulver
- ➢ 1 Zimtstange
- ➢ 500 ml Gemüsebrühe
- ➢ 2 Zweige Thymian
- ➢ 1 Lorbeerblatt

Zubereitung: Das Lammfleisch abspülen, trocken tupfen und in Würfel schneiden. Aubergine waschen, putzen und in Stücke schneiden. Zwiebeln schälen und fein würfeln. Datteln entkernen und klein schneiden. Zitronenschale ab raspeln und die Frucht auspressen.

Einen hohen Bräter heiß werden lassen, das Olivenöl darin erhitzen und das Fleisch knusprig anbraten, würzen und bei Seite stellen. Gemüse im Bratenfond anbraten, die Gewürze, Fleisch und Datteln zugeben und die Gemüsebrühe dazu geben. Alles aufkochen und zirka 25 Minuten schmoren lassen.

Zitronenschale, den Saft und Thymian hinzugeben. Weitere 25 Minuten leicht schmoren lassen. Zimtstange und Lorbeerblätter herausnehmen. Lamm-Topf abschmecken.

Scheherazades Fischsuppe

Zutaten:

- ➢ 1 Lauchzwiebel
- ➢ 200 g Zucchini
- ➢ 200 g Kohlrabi
- ➢ 1 Möhre
- ➢ 1 EL Olivenöl
- ➢ 0,1 g Safranfäden
- ➢ 1 EL Tomatenmark
- ➢ ½ TL Harissa (Chilipaste)
- ➢ ½ TL Kreuzkümmelsamen
- ➢ 200 ml Fischfond
- ➢ 400 g Kabeljaufilet
- ➢ ½ Bund Petersilie
- ➢ ½ TL Salz
- ➢ 3 Prisen Pfeffer
- ➢ 400 ml Wasser

Zubereitung: Lauchzwiebel und Kohlrabi schälen und in kleine Würfel schneiden. Zucchini, Möhre putzen und würfeln. Olivenöl in einem großen Topf erhitzen, die Lauchzwiebel mit Safran, Tomatenmark und Harissa darin andünsten. Gewürze zugeben und kurz mitbraten. Gemüse hinzugeben und unter Rühren andünsten. Fischfond und 400 ml Wasser hinzufügen.

Alles aufkochen und zirka 10 Minuten kochen lassen. Fisch abspülen, in Stücke schneiden. Petersilie waschen und klein hacken. Fischstücke zur Suppe geben und darin etwa 10 Minuten bei mittlerer Hitze garen. Suppe mit Salz und Pfeffer abschmecken. Die Suppe mit Petersilie bestreuen.

Kalif Raschids sauer eingelegtes Gemüse

Zutaten:

- ➢ 200 g Rettich
- ➢ 1 kleine Möhre
- ➢ 200 g Salatgurke
- ➢ 100 g Fenchel
- ➢ 1 Lauchzwiebel
- ➢ 1 Zitrone
- ➢ 1 EL Fenchelsamen
- ➢ 1 TL Koriandersamen
- ➢ 1 Zimtstange
- ➢ 300 ml Weißweinessig
- ➢ ½ EL Streusüße
- ➢ 100 g grüne Oliven
- ➢ 1 EL Salz

Zubereitung: Rettich, Möhre, Salatgurke, Fenchel und Lauchzwiebel waschen und in dünne Scheiben schneiden. Gemüse in der Schüssel mit 1 EL Salz mischen, zirka 40 Minuten ziehen lassen. Das Gemüse in ein Sieb geben und mit kaltem Wasser abspülen, gut abtropfen lassen.

Zitronenschale mit einem Messer dünn abschälen und die Frucht auspressen. Fenchelsamen, Koriandersamen und Zimt im Mörser zerdrücken. Zitronenschale, den Saft, Weißweinessig, Gewürze, und Streusüße mischen.

Das Gemüse mit den Oliven in ein großes, steriles Einmachglas füllen, mit Essigmischung übergießen. Abgedeckt 4 Stunden in den Kühlschrank stellen. Das Glas hält sich gekühlt 3 – 4 Tage.

Scheherazades Joghurt Suppe

Zutaten:

- ➢ 1 Zucchini
- ➢ 1 kleine Möhre
- ➢ 1 gelbe frische Paprika
- ➢ 1 kleine Zwiebel
- ➢ 1 Knoblauchzehe
- ➢ 1 EL Zitronensaft
- ➢ 300 g Joghurt
- ➢ 400 ml Gemüsebrühe
- ➢ 2 Eier
- ➢ 2 EL Olivenöl
- ➢ ½ TL Salz
- ➢ 3 – 4 Prisen Pfeffer
- ➢ 2 EL Kräuter

Zubereitung: Paprika, Möhre, Zucchini putzen, waschen und würfeln, Knoblauchzehe, Zwiebel sehr klein würfeln. Paprika, Möhre, Zucchini, Zwiebel in Olivenöl andünsten, zum Schluss den Knoblauch dazu geben. Den Joghurt mit der Brühe und den Eiern im Topf verquirlen und unter ständigem Rühren heiß werden lassen (nicht kochen).

Den Topf vom Herd nehmen und mit Salz und Pfeffer abschmecken. Die Joghurtsuppe mit einem Stabmixer aufschäumen und das Gemüse in die Suppe geben, mit den frischen Kräutern bestreuen.

Arabische Zwiebelsuppe

Zutaten:

- ➢ 5 Zwiebeln
- ➢ 2 Lauchzwiebeln
- ➢ 1 rote Paprika
- ➢ 1 gelbe Paprika
- ➢ 3 Tomaten
- ➢ 2 Knoblauchzehen
- ➢ 1 kleine rote Chilischote
- ➢ 750 ml Gemüsebrühe
- ➢ 1 kleiner Bund Minze
- ➢ 1 kleiner Bund Koriander
- ➢ 2 EL Zitronensaft
- ➢ ½ TL Salz
- ➢ 2 – 3 Prisen Pfeffer
- ➢ 3 EL Olivenöl

Zubereitung: Zwiebeln Lauchzwiebeln, Paprika schälen und in dünne Scheiben schneiden. Tomaten schälen und in Scheiben schneiden, Knoblauch grob hacken, Chilischote (Kerne entfernen) in Ringe schneiden, Kräuterblätter von den Stielen lösen und grob hacken.

Olivenöl in einem Topf erhitzen und die Zwiebeln, Lauchzwiebeln darin leicht andünsten. Paprika, Tomaten und Knoblauch zugeben und zirka 20 Minuten bei leichter Hitze dünsten und die Brühe zu gießen, die Hälfte der Kräuter zugeben. Kurz aufkochen lassen und bei reduzierter Hitze 10 Minuten köcheln lassen. Mit Salz, Pfeffer und Zitronensaft abschmecken. Mit den Kräutern bestreuen und servieren.

Hackfleisch-Kichererbsensuppe

Zutaten:

- ➢ 400 g Hackfleisch
- ➢ 250 g Joghurt
- ➢ 100 g gegarte Kichererbsen
- ➢ 100 g rote Linsen
- ➢ 1 große Zwiebel, 1 Knoblauchzehe
- ➢ 1 Bund Petersilie, 1 Bund Schnittlauch
- ➢ 1 Bund Koriander, 1 Bund Dill, 2 EL Minzeblätter
- ➢ 100 g saure Sahne
- ➢ ½ TL Salz, 2 – 3 Prisen Pfeffer, 1 TL Kurkuma
- ➢ 4 EL Olivenöl, 750 ml Wasser

Zubereitung: Zwiebel schälen und klein schneiden. Das Hackfleisch mit der halben Zwiebel mischen, salzen, pfeffern und Bällchen (Tennisballgröße) daraus formen.

2 EL Olivenöl in einem großen Topf erhitzen und die restliche Zwiebelmasse darin goldbraun braten, Salz, Pfeffer und die Hälfte der Kurkuma unterrühren, mit 750 ml Wasser aufgießen. Die Kichererbsen mit dem Sud zusammen zu den Linsen geben und aufkochen lassen. Die Hackbällchen hineinlegen und die Suppe nochmals 20 – 25 Minuten köcheln lassen. Kräuter waschen und trockentupfen, fein hacken, <u>Minze beiseite legen</u>. Die Kräuter in die Suppe geben und weiter köcheln lassen.

Knoblauch in dünne Scheiben schneiden. 2 EL Olivenöl in einer kleinen Pfanne erhitzen, den Knoblauch und die restliche Kurkuma leicht anbraten, Minze dazugeben und die Pfanne vom Herd nehmen.

Joghurt mit etwas heißer Suppe mischen und in die Suppe rühren. Die Suppe darf nicht mehr kochen. Die Knoblauchmasse aus der Pfanne zur Suppe geben.

Gratinierte Tofubällchen

Zutaten:

- 300 g Tomaten
- 300 g Zucchini
- 200 g Tofu
- 100 g geriebenen Parmesan
- 1 Zwiebel, 1 Knoblauchzehe
- 3 Zweige Thymian
- 30 g gemahlene Mandeln
- 1 Ei
- 3 EL Olivenöl
- ½ TL Salz (3 mal)
- 2 – 3 Prisen Pfeffer (2 mal)
- 2 – 3 Prisen Chilipulver

Zubereitung: Zucchini waschen, putzen und in feine Scheiben schneiden, in eine hohe Backform geben, mit Salz und Pfeffer mischen.

Tomaten waschen, fein würfeln und die Stielansätze entfernen, Zwiebel und Knoblauch schälen und fein hacken. Den Thymian waschen, trocken schütteln und Blättchen abstreifen. Tomaten, Zwiebel, Knoblauch und Thymian mit 2 EL Öl vermischen, salzen, pfeffern und auf den Zucchini verteilen.

Tofu mit der Gabel fein zerdrücken, mit Parmesan, Mandeln, Ei, Salz und Chilipulver sehr gründlich mischen und zu kleinen Bällchen (tischtennisballgroß) formen, auf dem Gemüse verteilen, mit dem restlichen Öl beträufeln und im Backofen bei 200 Grad 35 Minuten backen.

Falafel

Zutaten:

- ➢ 300 g getrocknete Kichererbsen
- ➢ 1 EL Eiweißpulver
- ➢ 1 TL Backpulver
- ➢ 1 Knoblauchzehe, 1 Lauchzwiebel
- ➢ 2 Zitronen
- ➢ 1 kleiner Bund Petersilie, 2 Stängel Koriandergrün
- ➢ 2 TL gemahlener Kreuzkümmel, 1 TL gemahlener Rosmarin
- ➢ 1 TL Paprikapulver (süß), ½ TL Cayennepfeffer
- ➢ ½ TL Salz, 2 – 3 Prisen Pfeffer
- ➢ Öl zum Frittieren (zirka ½ L)
- ➢ 2 – 3 EL Wasser

Zubereitung: Kichererbsen 14 Stunden in reichlich Wasser einweichen. Die Lauchzwiebel, den Knoblauch schälen, grob würfeln. Petersilie und Koriander waschen, die Blätter von den Stielen zupfen und grob hacken. Die Zitrone auspressen.

Einweichwasser von den Kichererbsen abgießen und diese mit den Kräutern und Knoblauch fein pürieren. Dabei den Zitronensaft und etwas Wasser (2 – 3 EL) zugeben. Die Gewürze hinzufügen und mit Salz und Pfeffer würzen. Eiweißmehl und Backpulver untermischen. In einem kleinen Topf (zirka 5 cm hoch) das Öl erhitzen. Aus dem Kichererbsenteig walnussgroße abgeflachte Bällchen formen.

Mit einem Holzstäbchen testen, ob das Fett heiß genug ist. Wenn Bläschen an dem Stäbchen aufsteigen, ist die richtige Temperatur erreicht.

Die Kichererbsen-Bällchen im heißen Fett portionsweise zirka 5 Minuten frittieren, bis sie goldgelb sind, dabei einmal wenden.

Zucchini mit Feta und Tomaten

Zutaten:

- ➢ 300 g Feta
- ➢ 3 – 4 Zucchini
- ➢ 200 g Tomatenstücke aus der Dose
- ➢ 1 Bund frische Kräuter
- ➢ ½ TL Salz
- ➢ 2 Prisen Pfeffer
- ➢ ½ TL Paprikapulver (süß)
- ➢ 3 EL Olivenöl
- ➢ ½ L Salzwasser (1 TL Salz)

Zubereitung: Den Käse in vier gleich große Stücke schneiden. Zucchini waschen, in der Länge in 4 mm dünne Scheiben schneiden und im Salzwasser 25 Sekunden blanchieren, abschrecken und abtropfen lassen.

Je 2 – 3 Scheiben der Zucchini um den Käse wickeln. Diese Päckchen nebeneinander in eine feuerfeste Form (etwas mit Öl auspinseln) legen. Es sollte noch ein kleiner Rest der Zucchini übrig bleiben.

2 EL Olivenöl mit Salz, Pfeffer und Paprika verrühren und die Zucchini-Päckchen damit bestreichen.

Im Backofen bei 175 Grad zirka 20 Minuten backen.

Inzwischen die Tomaten mit 1 EL Olivenöl erhitzen, übrige Zucchinischeiben in Streifen schneiden und dazugeben. Die Soße mit Salz und Pfeffer kräftig abschmecken.

Die Kräuter klein hacken. Die Käse-Zucchini-Päckchen auf der Tomatensoße mit den Kräutern anrichten.

Scheherazades Auberginenlasagne

Zutaten:

- ➢ 4 Auberginen
- ➢ 1 kg Tomaten
- ➢ 60 g Parmesankäse, 100 g geriebener Käse
- ➢ 1 kleine Zwiebel, 2 Knoblauchzehen
- ➢ 1 Bund frischer Basilikum, 1 EL getrockneter Thymian
- ➢ 5 EL Olivenöl, 3 EL Kürbiskernöl
- ➢ 50 g Kürbiskerne und 30 g für die Garnitur
- ➢ 1 EL Balsamicoessig
- ➢ ½ TL Salz, 2 – 3 Prisen Pfeffer

Zubereitung: Auberginen waschen, die Stielansätze entfernen und längs in 2 cm dünne Scheiben schneiden. 3 EL Olivenöl mit Thymian, Salz und Pfeffer verrühren. Auberginenscheiben auf ein Backblech verteilen, mit dem Öl bestreichen und 7 Minuten bei 180 Grad im Backofen backen. Scheiben wenden, weitere 7 Minuten backen.

Für die Soße: Tomaten waschen und vierteln, den geschälten Knoblauch und Zwiebel würfeln. Öl in einer Pfanne erhitzen, Knoblauch und Tomaten darin kurz anbraten und 10 Minuten leicht schmoren. Aus der Pfanne nehmen und durch ein Sieb streichen. Mit Salz und Pfeffer abschmecken.

Für das Pesto: Basilikum waschen, Blätter mit Kürbiskernen, Kürbiskernöl und Essig zu einem Pesto pürieren.

Die Lasagne auf 2 Tellern anrichten. Als erste Schicht: Auf jeden Teller 4 Auberginenscheiben legen und mit dem Pesto bestreichen. Dann wieder Soße und wieder 1 Scheibe Aubergine pro Teller mit Pesto bestreichen. Alles genauso weiterschichten. Mit Aubergine abschließen. Parmesan über die Lasagne hobeln. Mit Kürbiskernen garniert servieren.

Orientalische Tofu-Saté

Zutaten:

- ➢ 400 g Tofu
- ➢ 2 dünne Stangen Lauch, 1 Zwiebel
- ➢ 20 kleine Champignons
- ➢ 5 EL Sojasoße, 2 Zitronen, 1 EL Essig
- ➢ 7 EL Olivenöl
- ➢ 4 gehäufte EL Erdnussmus (zirka 200 g)
- ➢ 1 TL Chilipulver, 1 TL Ingwerpulver
- ➢ 1 EL Honig
- ➢ ½ TL Salz, 2 – 3 Prisen Pfeffer
- ➢ 20 Holzspießchen, 300 ml Wasser

Zubereitung: Den Lauch waschen, in 20 Stücke schneiden. Die Stücke in ein Metallsieb oder einen Siebeinsatz geben und über kochendem Wasser im geschlossenen Topf zirka 4 Minuten dämpfen. Die Champignons putzen und den Tofu in 20 Stücke schneiden. Die Zitronen auspressen.

6 EL Zitronensaft, 3 EL Sojasoße, 4 EL Öl, Ingwer- und Chilipulver, Honig und mit Salz und Pfeffer verrühren. Tofu, Champignons und Lauch mit der Marinade übergießen und durchziehen lassen.

Inzwischen für die Erdnusssoße die Zwiebel schälen, fein hacken und in 1 EL Öl kurz dünsten. Das Erdnussmus, 300 ml Wasser, die Chilisoße, den Essig und 1 EL Sojasoße dazugeben und verrühren. Bei mittlerer Hitze zirka 3 Minuten schwach kochen lassen, mit Salz und Pfeffer abschmecken.

Den Tofu, die Champignons und den Lauch abwechselnd auf Holzstäbchen spießen (den Lauch quer zur Schnittfläche aufspießen). Die Spieße portionsweise in 2 EL Öl bei mittlerer Hitze zirka 7 Minuten rundum goldgelb braten und mit der Soße servieren.

Joghurt Suppe mit Spinat

Zutaten:

- 400 g Blattspinat oder 300 g TK-Spinat
- 400 g Joghurt
- 1 Zwiebel
- 2 Knoblauchzehen
- 1 Möhre
- ½ Blumenkohl
- 750 ml Wasser
- 3 EL Olivenöl
- 2 TL Salz für das Kochwasser
- ½ TL Salz
- 3 Prisen Pfeffer
- 2 EL frische Kräuter

Zubereitung: Zwiebel, Möhre, Blumenkohl und den küchenfertigen Spinat klein schneiden. Das Olivenöl in einem hohen Topf erhitzen und die Zwiebel darin dünsten. Den Spinat, Möhre, Blumenkohl und das Wasser dazugeben und bei mittlerer Hitze mit geschlossenem Deckel zirka 35 Minuten kochen.

In der Zwischenzeit den Joghurt in eine Schüssel geben. Den Knoblauch schälen, durch die Knoblauchpresse drücken und zu dem Joghurt geben. Mit Salz und Pfeffer würzen.

Die Joghurtmischung zu dem garen Gemüse geben. Achtung: Die Suppe darf nicht mehr kochen! Mit Kräutern bestreuen.

Auberginenpaste

Zutaten:

- ➢ 1 große Aubergine
- ➢ ½ Zwiebel
- ➢ 1 Knoblauchzehe
- ➢ 1 EL frische Kräuter
- ➢ 1 TL gemahlene Sesamkörner
- ➢ 1 TL Salz für das Kochwasser
- ➢ ½ TL Salz, 2 Prisen Pfeffer
- ➢ 1 EL Zitronensaft

Zubereitung: Aubergine schälen und im Salzwasser 10 – 15 Minuten kochen und mit einem Holzlöffel zerdrücken. Knoblauchzehe pressen, Zwiebel sehr fein schneiden, Zitronensaft und Kräuter mit dazu geben. Mit Salz und Pfeffer abschmecken.

Low Carb Zitronenlimonade

Zutaten:

- ➢ 500 ml Mineralwasser
- ➢ 4 TL frischen Zitronensaft
- ➢ 2 – 3 Spritzer flüssiger Süßstoff
- ➢ Gefrorene Zitronen-Eiswürfel (8 Stunden vorher frosten)

Zubereitung: Alle Zutaten in eine Kanne geben und umrühren.

Tipp: Gefrostete Rosenblätter in Eiswürfeln sehen sehr toll aus!

Low Carb Fladenbrot

Zutaten:

- ➢ 200 g Frischkäse
- ➢ 6 Eier
- ➢ 1 EL Sesamkörner, 1 EL Leinsamen
- ➢ 1 P Backpulver, ½ TL Salz
- ➢ 1 EL Olivenöl

Zubereitung: Eier trennen und das Eiklar sehr steif schlagen. In einer zweiten Schüssel das Eigelb und den Frischkäse schaumig rühren. Sesamkörner, Leinsamen und Salz dazugeben, Eischnee vorsichtig unterheben. Backpapier mit dem Olivenöl einstreichen. Auf dem Backblech 6 platte Häufchen verteilen und bei 160 Grad zirka 25 – 30 Minuten backen.

Kichererbsen-Brot

Zutaten:

- ➢ 400 g Kichererbsenmehl
- ➢ 200 g Butter
- ➢ 1 TL Salz, 2 TL Natron
- ➢ 10 Eier
- ➢ 4 EL grob gemahlene Haselnüsse

Zubereitung: Eier trennen, Eiweiß steif schlagen. Restliche Zutaten (nur 2 EL Nüsse) miteinander verrühren, Eiweiß unterheben. Kastenform mit Butter einstreichen und mit 2 EL Haselnüssen ausstreuen, den Teig einfüllen. Bei 180 Grad zirka 50 Minuten backen.

Low Carb Döner

Zutaten: (für 2 Personen)

- ➤ 600 g Hähnchenbrust
- ➤ 3 Eier
- ➤ 6 Scheiben Salatgurke
- ➤ 2 Salatblätter
- ➤ 2 Eier
- ➤ 1 Tomate
- ➤ 1 Zwiebel
- ➤ 200 g Kräuterquark
- ➤ 100 g Quark
- ➤ 3 EL Eiweißpulver (neutral)
- ➤ 2 EL Butter
- ➤ ½ Pack Backpulver
- ➤ 50 ml Mineralwasser
- ➤ 2 EL Olivenöl
- ➤ ½ TL Salz (2 x)
- ➤ 2 Prisen Pfeffer (2 x)
- ➤ ½ TL Knoblauchpulver
- ➤ ½ TL Zwiebelpulver
- ➤ 1 EL Petersilie (getrocknet)
- ➤ 2 – 3 Spritzer Süßstoff

Zubereitung: Für das Fladenbrot: Eiweißpulver und Backpulver in eine Schüssel geben und vermischen.

Magerquark, Eier und die zerlassene, kalte Butter hinzugeben und unterrühren. Den Teig mit Salz und Pfeffer, Knoblauchpulver, Zwiebelpulver und 1 TL getrockneter Petersilie würzen.

Zwei runde Backformen (Durchmesser: Zirka 13 cm) mit Öl einstreichen und den Teig hinein geben. Der Teig sollte zirka 1 cm hoch sein. Bei 180 Grad zirka 15 Minuten backen. Während des Backens die Hähnchenbrust mit 1 EL Olivenöl in einer Pfanne anbraten und bei niedriger Hitze garen. Mit Salz und Pfeffer würzen.

Für die Soße: Kräuterquark, Mineralwasser, Knoblauchpulver, Zwiebelpulver, Salz, Pfeffer und etwas Süßstoff vermischen.

Die Hähnchenbrust, Zwiebel und Tomate in dünne Scheiben schneiden. Fladenbrote aufschneiden mit Fleisch, Gurken, Salat und Gemüse füllen und die Soße darüber geben.

Hot Dog Brötchen (Low Carb)

Zutaten für 4 Brötchen:

- ➢ 4 Eier
- ➢ 50 g geschmolzene Butter
- ➢ 100 g Kokosflocken
- ➢ 180 g gemahlene Mandeln
- ➢ 300 ml heißes Wasser
- ➢ 2 EL Kräuter (getrocknet)
- ➢ 2 TL Senf (mild)
- ➢ 3 TL Backpulver
- ➢ 1 TL Thymian
- ➢ ½ TL Salz
- ➢ 1 Prise Pfeffer

Zubereitung: Die Eier mit der Butter, Senf und Wasser schaumig schlagen. In einer zweiten Schüssel die trockenen Zutaten mischen, nach und nach zur Ei-Mischung geben, 30 Minuten ruhen lassen.

Vier längliche Brötchen formen und für 20 Minuten bei 200 Grad in den Ofen geben. Nach Geschmack belegen.

Tipp: Belegte Brötchen schmecken immer gut mit Salatblättern, Radieschen, Gurken.

Gemüsetorte mit Champignons

Zutaten:

- 300 g Champignons
- 2 rote Paprikaschoten
- 100 g Räucherspeck
- 4 Eier
- 1 Zwiebel
- 200 g gemahlene Mandeln, 100 g gemahlene Haselnüsse
- 2 EL Eiweißpulver
- 200 geriebener Hartkäse
- ½ TL Salz (2 x), 2 – 3 Prisen Pfeffer (2 x)
- 2 EL Olivenöl für die Form, 2 EL Wasser

Zubereitung: Geputzte Champignons in Scheiben schneiden, gewaschene Paprikas und Zwiebel klein würfeln. Den gewürfelten Speck in einer Pfanne mit 1 EL Olivenöl knusprig ausbraten.

Champignons und Zwiebel dazugeben und alles bei schwacher Hitze zirka 20 Minuten braten, dabei die Feuchtigkeit verdampfen lassen, vom Herd nehmen und mit Salz und Pfeffer würzen. Die Form ölen, die Eier trennen. Die Eiweiße zu steifem Schnee schlagen, die Eigelbe mit 2 EL warmem Wasser cremig schlagen, mit Salz und etwas Pfeffer würzen, den Eischnee vorsichtig unterheben. Das Eiweißpulver mit den gemahlenen Mandeln mischen und darüber streuen. Alles vorsichtig vermischen und den Teig in der vorbereiteten Form glatt streichen. Den Boden im Backofen bei 180 Grad zirka 12 Minuten vorbacken. Den Boden aus dem Ofen nehmen, die gemahlenen Haselnüsse auf den Teig streuen und 100 g Hartkäse mit der Gemüsemischung mischen und auf dem Boden verteilen. Den restlichen Käse darauf streuen. Den Kuchen noch 20 Minuten bei 180 Grad backen.

Beerenbrot mit Eiweißpulver

Zutaten:

- ➢ 200 g Eiweißpulver (Neutral)
- ➢ 200 g Beerenobst (tiefgekühlt)
- ➢ 200 g Quark
- ➢ 2 Eier
- ➢ 1 P Backpulver
- ➢ 2 Prisen Salz
- ➢ 2 – 3 Spritzer flüssiger Süßstoff
- ➢ 2 – 3 Prisen Zimt
- ➢ 1 EL Olivenöl

Zubereitung: Die Beeren pürieren und mit den restlichen Zutaten mischen.

Zu einem Teig kneten. Sollte dieser zu klebrig sein, kann man noch 1 – 2 EL Eiweißpulver hinzufügen. Den Teig zu einem Brot formen (oder in kleinere Brötchen).

Das Backblech mit Backpapier belegen und leicht mit Olivenöl einstreichen. Das Brot darauf legen und auf mittlerer Schiene bei 170 Grad zirka 35 – 40 Minuten backen. Die Brötchen brauchen zirka 15 Minuten.

Türkischer Eierkuchen mit Sucuk

Zutaten:

- ➢ 6 Eier
- ➢ 4 SUCUK - türkische Würstchen (aus Rind, Lamm und Geflügel)
- ➢ 1 Möhre
- ➢ 1 Zwiebel
- ➢ 1 kleine Zucchini
- ➢ 1 rote Paprika
- ➢ 2 EL schwarze Oliven (ohne Kerne)
- ➢ 4 EL geriebener Käse
- ➢ 100 ml Sahne
- ➢ 3 – 4 Prisen Pfeffer
- ➢ ½ TL Salz
- ➢ 2 EL Petersilie
- ➢ 2 EL Olivenöl

Zubereitung: Ein hohes Backblech mit Olivenöl bestreichen.

Würste, Oliven, Zwiebel, Zucchini, Paprika und Karotte würfeln.

Eier, Sahne, Pfeffer und Salz mischen, alles über die Masse geben.

Mit geriebenem Käse bestreuen.

Im Backofen bei 200 Grad zirka 25 Minuten backen.

Mit Petersilie bestreuen.

Merguez-Salat

Zutaten:

- ➢ 6 – 8 Merguez-Würstchen (Lammwürstchen)
- ➢ 6 Tomaten
- ➢ 2 rote Paprikaschoten
- ➢ 4 rote Zwiebeln, 1 Knoblauchzehe
- ➢ 2 Zweige Dill
- ➢ 1 Dose Artischockenböden
- ➢ 2 Limetten (bio), 3 EL Olivenöl
- ➢ 1 TL Ras el Hanout (Ras el Hanout ist eine marokkanische Gewürzmischung, die besonders gut zu Couscous- und Fleischgerichten passt)
- ➢ 3 EL Kapern
- ➢ ½ TL Salz, 2 – 3 Prisen Pfeffer

Zubereitung: Tomaten waschen und quer halbieren, Paprika waschen, entkernen und in breite Streifen schneiden, Zwiebeln schälen und die Artischocken abtropfen lassen.

Für den Dressing: Die Limettenschale ab raspeln, Früchte auspressen, Knoblauch schälen und sehr fein hacken. Dill hacken. Den Limettensaft mit Schale, 1 EL Olivenöl, Knoblauch, Ras el Hanout und Kapern verquirlen und mit Salz und Pfeffer würzen.

Restliches Öl in einer Grillpfanne erhitzen und das Gemüse darin nacheinander jeweils zirka 6 Minuten anbraten, herausnehmen und in eine Auflaufform füllen. Mit Dressing übergießen. Zirka 40 Minuten marinieren lassen.

Würstchen in der Grillpfanne oder im Backofen unterm Grill knusprig braten. Mit dem Salat servieren.

Cremiger Ricotta Käsekuchen

Zutaten:

- ➢ 1 kleine Springform

Zutaten für den Teig:

- ➢ 100 g gemahlene Mandeln
- ➢ 2 EL Kokosflocken
- ➢ 60 g Xucker/Sukrin (Süßstoff)
- ➢ 60 g geschmolzene Butter
- ➢ 1 Prise Salz

Zubereitung: Alle Zutaten mischen und in eine gefettete Backform geben.

Zutaten für den Belag:

- ➢ 3 Eier
- ➢ 100 g Frischkäse
- ➢ 250 g Ricotta
- ➢ 1 EL Eiweißpulver (Vanille)
- ➢ 50 ml Sahne
- ➢ 2 EL Xucker/Sukrin
- ➢ 3 – 4 Tropfen Backaroma (Vanille)
- ➢ 1 TL Zitronensaft

Zubereitung: Eiweiß steif schlagen, alle anderen Zutaten mischen und das Eiweiß unterheben. Auf den Boden geben und bei 160 Grad im Backofen zirka 50 Minuten backen. Im Kühlschrank 2 – 3 Stunden abkühlen lassen.

Arabische Nacht Gulasch

Zutaten:

- ➢ 400 g Rindergulasch
- ➢ 300 g Rinder-Hackfleisch
- ➢ 2 Zwiebeln
- ➢ 1 Paprikaschote
- ➢ 1 Möhre
- ➢ 1 Dose Pfirsiche (ohne Zucker)
- ➢ ½ L Tomatensaft
- ➢ 200 ml Fleischbrühe
- ➢ 1 TL Currypulver
- ➢ ½ TL Sambal Oelek
- ➢ 1 TL Salz
- ➢ ½ TL Chilipulver
- ➢ 1 TL Oregano (getrocknet) fürs Hackfleisch
- ➢ ½ TL Chilipulver fürs Hackfleisch
- ➢ ½ TL Currypulver fürs Hackfleisch
- ➢ ½ TL Salz fürs Hackfleisch
- ➢ 1 TL Zitronensaft
- ➢ 1 EL Olivenöl (für den Zitronensaft)
- ➢ 3 EL Olivenöl

Zubereitung: Fleisch in einer sehr hohen Pfanne (für den Backofen) zirka 10 Minuten sanft anbraten.

Zwiebeln, Möhre und Paprika klein würfeln und hinzu geben und zirka 10 Minuten auf kleiner Stufe anbraten. Mehrmals umrühren. Brathitze auf kleinste Stufe stellen. Mit Currypulver, Salz, Chilipulver, Oregano würzen.

Das Hackfleisch würzen und kleine Bällchen formen (gehäufter EL). Die Bällchen auf das Fleisch schichten. Pfirsiche vierteln und ohne Saft darauf legen. Sambal Olek, mit dem Zitronensaft, Tomatensaft, Fleischbrühe und dem 1 EL Olivenöl vermischen und über die Fleisch/Pfirsich-Masse geben.

Topfdeckel auflegen (oder mit Alufolie abdecken) und ohne zu Rühren für zirka 2 Stunden bei 180 Grad in den Backofen geben. Probieren Sie dann ein Stück Fleisch. Wenn das Fleisch gar ist, erst dann alles unterheben.

Chili Ketchup

Zutaten:

- ➢ 300 g reife Tomaten
- ➢ 100 g rote Paprika
- ➢ 1 Möhre
- ➢ 2 Zwiebeln
- ➢ 1 Knoblauchzehe
- ➢ 2 TL flüssiger Süßstoff
- ➢ 200 ml Essig
- ➢ 1 TL Sojasoße
- ➢ 1 TL Paprikapulver (süß)
- ➢ 1 Habanero
- ➢ 1 TL Dill

- ➢ 1 TL Petersilie
- ➢ 1 TL Schnittlauch
- ➢ 1 TL Liebstöckel
- ➢ 1 Lorbeerblatt
- ➢ 1 TL Johannisbrotkernmehl (mit 2 EL Wasser anrühren)
- ➢ 1 TL Salz
- ➢ 2 – 3 Prisen Pfeffer

Zubereitung: Küchenfertige Möhre, Tomaten, Paprika, Habanero und Zwiebeln in kleine Würfel schneiden, den Knoblauch pressen und mit einem Lorbeerblatt kurz aufkochen und 15 Minuten schwach weiter kochen.

Die Masse durch ein Küchensieb streichen.

Die anderen Zutaten und Gewürze hinzugeben und mit Salz und Pfeffer abschmecken.

Das Ganze 50 Minuten auf mittlerer Temperatur köcheln lassen.

Der Ketchup sollte dickflüssig sein. Eventuell noch 1 TL Johannisbrotkernmehl hinzu geben und weitere 10 Minuten köcheln lassen.

In ein „sterilisiertes" Glasgefäß füllen und abkühlen lassen.

Gekühlt ist der Ketchup ein paar Wochen haltbar.

Ente mit Walnusssoße

Zutaten:

- ➢ 1 kleine Ente oder eine ½ Ente
- ➢ 1 Granatapfel
- ➢ 1 Zwiebel
- ➢ 1 kleine Möhre
- ➢ 200 g gemahlene Walnüsse
- ➢ 2 EL grob gehackte Walnüsse (zum Garnieren)
- ➢ 1 EL Tomatenmark
- ➢ ½ TL gemahlener Kurkuma
- ➢ 2 EL Granatapfelsirup (Achtung Zucker, wenn auch wenig)
- ➢ ½ TL Salz, 2 – 3 Prisen Pfeffer
- ➢ 200 – 250 ml heißes Wasser
- ➢ 1 EL Honig, 4 EL Olivenöl

Zubereitung: Zwiebel und Möhre klein würfeln und in Olivenöl anbraten. Tomatenmark zufügen, kurz mitbraten. Gemahlene Nüsse, Granatapfelsirup, Salz, Pfeffer und Kurkuma zugeben, alles vermischen und mit heißem Wasser aufgießen, sodass sich eine etwas dickliche Soße ergibt.

Ente in 2 Teile oder 4 Teile zerlegen, mit Pfeffer und Salz würzen und auf jeder Seite in Öl in einer gesonderten Pfanne anbraten. Die Zwiebel/Möhre/Nüsse-Masse zu der Ente in die Pfanne geben und zirka 90 Minuten auf kleiner Flamme garen lassen. Zwischendurch vorsichtig umrühren.

In der Zwischenzeit den Granatapfel aufschneiden und die Kerne mit dem Löffel herauslösen und zur Seite stellen.

Wenn die Ente fertig ist, auf zwei Teller legen und mit den Granatapfelkernen und 2 EL grob gekackten Walnüssen bestreuen.

Arabischer Hackbraten

Zutaten:

- ➢ 700 g Rinderhackfleisch
- ➢ 2 Zwiebeln, 2 Knoblauchzehen
- ➢ 1 Möhre
- ➢ 2 EL Rosinen
- ➢ 3 EL Pinienkerne
- ➢ 250 gemahlene Mandeln
- ➢ 2 Eier
- ➢ 2 EL gehackte, frische Minze
- ➢ 2 EL Sahne
- ➢ 1 TL Currypulver, 1 TL Paprikapulver
- ➢ 1 TL Salz
- ➢ ½ TL Pfeffer
- ➢ 2 EL Olivenöl

Zubereitung: Rosinen 30 Minuten in heißem Wasser einweichen (Rosinen sollen mit Wasser bedeckt sein).

Pinienkerne ohne Fett in einer Pfanne ein paar Minuten anrösten, bis sie duften und sich hellbraun färben. Das Hackfleisch, Pinienkerne, Minze, Sahne und die gemahlenen Mandeln in eine große Schüssel geben.

Küchenfertige Möhre und Zwiebeln klein würfeln, Knoblauch pressen und zu der Hackfleischmasse geben. Die Rosinen abtropfen lassen und mit den Eiern und den Gewürzen zum Hackfleisch geben und zu einem Hackbraten formen. Anschließend in eine gefettete Auflaufform geben und im Backofen bei 180 Grad zirka 60 – 70 Minuten garen.

Low Carb Falafel mit Joghurtsoße

Zutaten:

- ➢ 500 g Wirsing
- ➢ 200 g gemahlene Mandeln
- ➢ 3 – 4 EL Eiweißpulver (neutral)
- ➢ 100 g Sesamkörner
- ➢ 500 ml Gemüsebrühe
- ➢ 1 Ei
- ➢ ½ TL Salz
- ➢ Zirka 1 kg Öl (Palmfett) zum Frittieren

Zubereitung: Küchenfertiger Wirsing in breite Streifen schneiden (zirka 2 cm) und in der Brühe 25 Minuten gar kochen, abgießen und in eine große Schüssel geben.

Hinzu kommen Eier, Eiweißpulver, gemahlene Mandeln, Sesam und Salz.

Der Teig muss sich formen lassen, evtl. noch 1 – 2 EL Eiweißpulver dazu geben. In zirka 2 cm große Bällchen formen.

Im heißen (nicht kochen) Öl frittieren bis sie leicht braun sind.

Zutaten für die Joghurtsoße:

- ➢ 500 g Joghurt
- ➢ 200 g Sahne
- ➢ 1 Bund Koriander (oder 2 EL getrockneter Koriander)
- ➢ 1 Bund Pfefferminze (oder 2 EL getrocknete Pfefferminze)
- ➢ 1 Bund Petersilie (oder 2 EL getrocknete Petersilie)
- ➢ 1 EL Zitronensaft
- ➢ 2 Spritzer flüssiger Süßstoff
- ➢ ½ TL Salz
- ➢ 2 Prisen Pfeffer
- ➢ ½ TL Chilipulver
- ➢ ½ TL Oregano
- ➢ ½ TL Thymian

Zubereitung: Den Joghurt mit der Sahne cremig rühren. Die Kräuter, Süßstoff, Zitronensaft und Gewürze hinzu geben.

Lammfleisch-Bällchen in Curry

Aus dem Buch: Low Carb Spezial: ISBN: 9783945015094

Zutaten:

- ➢ 750 g Lammfleisch
- ➢ 2 getrocknete Chilischoten
- ➢ 1 Ei
- ➢ 1 Zwiebel (klein würfeln), 1 Knoblauchzehe klein hacken
- ➢ 1 TL gehackte Ingwerwurzel
- ➢ 1 MS gemahlener Zimt
- ➢ ½ TL Salz
- ➢ 2 – 3 Prisen Pfeffer
- ➢ 1 EL Curry
- ➢ 3 EL Öl
- ➢ 2 EL Kokosnussflocken (und 2 EL zum Verzieren)
- ➢ 1 ½ Liter Brühe

Zubereitung: Das Fleisch durch den Fleischwolf drehen (oder vom Metzger machen lassen) und mit dem Ei, den Gewürzen, und den Kokosnussflocken vermischen. Kleine Fleischbällchen formen (2 EL - Teig) und kurz in der Pfanne anbraten. Die Brühe erhitzen und die kleinen Fleischbällchen einlegen und 15 Minuten ziehen lassen. Mit den Kokosraspeln bestreuen.

Joghurt-Lammfleisch mit Kokos und Safran

Aus dem Buch: Low Carb Spezial: ISBN: 9783945015094

Zutaten:

- 1 ½ kg Lammfleisch
- 2 Zwiebeln (klein würfeln)
- 1 Knoblauchzehe klein hacken
- 60 g frische Ingwerwurzel
- 6 getrocknete Chilischoten
- ½ TL Kreuzkümmel
- 2 TL gemahlener Koriander
- ¼ TL gemahlener Kardamom
- 1/3 TL Zimt
- 1 TL Curry-Pulver
- ½ TL Safranpulver
- 3 TL Salz
- 200 g Natur-Joghurt
- 3 EL Kokosraspeln

Zubereitung: Das Lammfleisch in Würfel schneiden und mit den Zwiebeln anbraten. Die fein gehackten Gewürze dazugeben und 1 Stunde bei zarter Hitze mit Deckel garen. Dann den Joghurt unterrühren und wieder 5 Minuten garen. Zum Schluss die Kokosraspel beim Servieren darüber streuen.

Scharfes Gurkengemüse

Aus dem Buch: Low Carb Sweet & Hot: ISBN-13: 9783981616576

Zutaten:

- ➢ 2 Schlangengurken
- ➢ 1 rote Paprika
- ➢ 1 grüne Paprika
- ➢ 100 ml flüssige Sahne
- ➢ 2 EL Crème fraîche
- ➢ 2 - 3 EL Olivenöl
- ➢ 1 EL scharfer Senf
- ➢ 2 - 3 Spritzer Tabasco
- ➢ 1 TL Knoblauchsalz
- ➢ 2 - 3 Prisen grünen Pfeffer

Zubereitung: Schlangengurken schälen, Kerne entfernen und in Spalten schneiden. Paprikas schälen, Kerngehäuse entfernen und in Streifen schneiden.

Olivenöl in einer Pfanne erhitzen und die Gurken und Paprika darin anbraten. Mit Sahne ablöschen. Senf, Tabasco und Crème fraîche unterheben und bei schwacher Hitze ca. 10 Minuten köcheln lassen. Vor dem Servieren mit Knoblauchsalz und Pfeffer abschmecken.

Räuchertofu mit Sellerie

Aus dem Buch: Low Carb Sweet & Hot: ISBN-13: 9783981616576

Zutaten:

- ➢ 400 g Räuchertofu
- ➢ 2 Jalapeño
- ➢ 2 gelbe Paprika
- ➢ 1 rote Paprika
- ➢ 3 Schalotten
- ➢ ½ Sellerieknolle
- ➢ 1 Dose Kichererbsen
- ➢ 1 Dose stückige Tomaten
- ➢ 1 EL Tomatenmark
- ➢ 4 EL scharfer Tomatensaft
- ➢ 2 - 3 EL Olivenöl
- ➢ 1 - 2 Spritzer Sambal Oelek
- ➢ 1 TL Paprikapulver (scharf)
- ➢ 1 TL Paprikapulver (süß)
- ➢ 1 TL Kräutersalz
- ➢ 1 - 2 Prisen Cayennepfeffer

Zubereitung: Kichererbsen in einem Sieb abtropfen lassen.

Räuchertofu in Würfel schneiden. Jalapeños waschen und in kleine Würfel schneiden. Schalotten schälen und in halbe Ringe schneiden. Paprikas schälen, Kerngehäuse entfernen und in Streifen schneiden. Sellerie schälen und in kleine Würfel schneiden. Die Pfanne heiß werden lassen, das Olivenöl hinzu geben. Jalapeños, Paprika, Schalotten, Sellerie, Tofu und Tomatenmark zufügen und anbraten. Kichererbsen und Tomaten mit Flüssigkeit zufügen und bei schwacher Hitze ca. 12 - 17 Minuten köcheln lassen. Vor dem Servieren mit Sambal Oelek, Paprikapulver, Kräutersalz und Cayennepfeffer abschmecken.

Tipp: Sie können diese ganze Masse in eine hohe Backform geben und mit 200 g geriebenem Käse bestreuen. Bei 200 Grad ca. 25 - 30 Minuten überbacken, bis der Käse goldgelb ist.

Feta mit Wildkräuter-Salat

Zutaten:

- ➢ 600 g Wildkräuter (Löwenzahn, Brennnessel, Bärlauch, Mangold)
- ➢ 3 EL Omega-3 Öl, 3 EL frischen Zitronensaft
- ➢ 1 TL Salz, ½ TL Pfeffer
- ➢ 2 Knoblauchzehen fein pressen
- ➢ 250 g Feta-Käse – in feine Würfel schneiden

Zubereitung: Die Kräuter gründlich waschen und in einem Sieb abtropfen lassen und im Salzwasser ca. eine Minute blanchieren. Mit der Schaumkelle direkt in das Eiswasser tauchen und in einem Sieb abtropfen lassen. Das lauwarme Gemüse auf eine Platte portionsweise auf Teller legen und mit den Gewürzen und dem Knoblauch bestreuen. Darauf Feta verteilen und dann mit dem Olivenöl und dem Zitronensaft beträufeln.

Mango und Zucchini Salat

Zutaten:

- ➢ 4 Zucchini
- ➢ 2 reife Mango
- ➢ 4 EL Sojasoße
- ➢ ½ TL Salz
- ➢ 2 Prisen Pfeffer
- ➢ ½ TL Curry

Zubereitung: Zucchini waschen und fein raspeln. Mango schälen und vierteln. Ein Viertel in feinste Streifen schneiden. Aus den anderen Vierteln den Saft auspressen. Die Sojasoße mit dem Mango-Saft verrühren und mit den Gewürzen abschmecken.

Gemüse mit Erdnuss-Soße

Zutaten:

- ➢ 500 g frische grüne Bohnen (gar kochen)
- ➢ 4 Möhren (gar kochen)
- ➢ 500 g frischen Blumenkohl (gar kochen)
- ➢ ½ Staude Chinakohl
- ➢ ½ Salatgurke (in dünne Scheiben schneiden)
- ➢ 2 Kartons Kresse (klein schneiden)
- ➢ 5 hart gekochte Eier (vierteln)
- ➢ ½ TL weißer Pfeffer, ½ TL Salz

Das Gemüse auf die Teller anrichten und würzen. Die Erdnuss-Sauce darüber geben.

Zutaten für die Soße:

7 EL Erdnussöl

2 EL getrocknete Zwiebeln

2 Knoblauchzehen (zerdrücken)

2 TL Sambal Oelek

½ TL Shrimp-Paste

4 EL Erdnussbutter (ohne Zucker)

½ TL Salz

2 – 3 Prisen Pfeffer

2 EL Sojasoße

Ein paar Spritzer flüssiger Süßstoff

1 EL Zitronensaft

Zubereitung: Öl erhitzen und die Zwiebel darin goldgelb braten, abtropfen lassen. 2 EL Öl in die Pfanne und den Knoblauch, Shrimp-Paste und den Sambal Oelek darin anbraten.

Die Erdnussbutter und 1/8 Liter Wasser zufügen und ein paar Minuten kochen lassen. Die Soße mit den Gewürzen abschmecken und die Zwiebelflocken unterrühren.

Kamel Hackfleischpfanne

Aus dem Buch: Low Carb Exotisch: ISBN-13: 9783981616545

Zutaten:

- ➢ 700 g Kamel Hackfleisch
- ➢ 4 EL Olivenöl
- ➢ 3 große Tomaten
- ➢ 2 Zwiebeln
- ➢ 200 ml Sahne
- ➢ 200 g Emmentaler Käse
- ➢ ½ TL Salz
- ➢ 2 – 3 Prisen Pfeffer
- ➢ 1 EL gemischte Kräuter

Zubereitung: Olivenöl in die heiße Pfanne geben, das Hackfleisch dazu geben. Die Zwiebeln und die Tomaten grob würfeln, zum Fleisch geben und alles gut anbraten.

Die Fleischmasse in eine Auflaufform schütten, mit der Sahne benetzen. Käse darüber streuen und im Backofen auf 200 Grad zirka 35 Minuten überbacken. Dazu wird Low Carb Brot gereicht und Salate.

Okra mit Hackfleisch

Zutaten:

- ➢ 500 g Hackfleisch (wie gewohnt mit Gewürzen/Zwiebeln braten)
- ➢ 750 g Okra
- ➢ 2 Zwiebeln

- ➢ 2 Knoblauchzehen
- ➢ 2 Tomaten - fein hacken
- ➢ Etwas frischen Ingwer
- ➢ Je 2 TL Kreuzkümmel, Koriander, frische Kräuter
- ➢ Je ½ TL Fenchelsamen (gemahlen), Cayennepfeffer, Kurkuma
- ➢ 1 TL Salz
- ➢ 4 EL Öl
- ➢ 200 ml Fleischbrühe

Zubereitung: In die heiße Pfanne etwas Öl hinein geben und eine Schicht Okra hinein geben. 3 – 4 Minuten von allen Seiten anbraten und aus der Pfanne nehmen. Schicht für Schicht braten. Zwiebeln in die Pfanne geben, anbraten und den Knoblauch/Ingwer und Gewürze hinzu geben. Zum Schluss die Tomaten. Die Fleischbrühe dazu geben und zirka 25 Minuten auf kleiner Flamme mit geschlossenem Deckel schmoren.

Auf dem Teller anrichten und das Hackfleisch dazu legen.

Man kann das Ganze auch in eine Auflauf-Form geben und mit Käse kurz im Backofen bei zirka 200 Grad – 20 Minuten überbacken.

Infos: Vor über 3000 Jahren wurde das Gemüse „Okra" in Ostafrika kultiviert. Die Hauptanbaugebiete sind Kenia, Indien, Thailand, Süd-, Mittel- und Nordamerika, der Orient und auch die Mittelmeerländer. Wer Okras schon mal gegessen hat, beschreibt ihren Geschmack als mild und auch säuerlich-pikant. Manche sagen auch, Okras schmecken wie eine Mischung aus grünen Bohnen und Stachelbeeren.

Lamafilets in Ananas-Curry

Aus dem Buch: Low Carb Exotisch: ISBN-13: 9783981616569

Zutaten:

- ➤ 4 Lamafilets à 2 - 3 cm dick
- ➤ 2 Zwiebeln
- ➤ 2 Lauchstangen
- ➤ 1 Möhre
- ➤ 100 ml flüssige Sahne
- ➤ 3 EL Crème fraîche
- ➤ 6 EL zuckerfreie Ananasstücke
- ➤ 2 – 3 EL Olivenöl
- ➤ ½ TL süßer Senf
- ➤ ½ TL Honig
- ➤ 2 – 3 TL Currypulver
- ➤ 1 TL Paprikapulver (süß)
- ➤ ½ TL Paprikapulver (scharf)
- ➤ 1 TL Salz
- ➤ 2 – 3 Prisen Pfeffer
- ➤ Alufolie

Zubereitung: Lamafilets zirka 1 Stunde vor dem Zubereiten aus dem Kühlschrank nehmen, waschen und trocken tupfen. Zwiebeln, Lauch, Möhre schälen und fein hacken.

Olivenöl in einer Pfanne erhitzen. Lamafilets zufügen und bei starker Hitze von beiden Seiten zirka 2 Minuten scharf anbraten.

Fleisch herausnehmen, in Alufolie wickeln und zirka 10 Minuten im Backofen bei 120 Grad ziehen lassen. Darauf achten, dass das Fleisch innen zartrosa bleibt.

Ananasstücke, Zwiebeln, Lauch und Möhre in den Bratensud geben und anbraten. Sahne und Crème fraîche zufügen, aufkochen lassen und mit Honig, Senf, Pfeffer und Currypulver abschmecken.

Das Fleisch aus dem Backofen nehmen, zirka 5 Minuten ruhen lassen, etwas salzen und aufschneiden.

Lamafilets auf Tellern anrichten und mit der Ananas-Curry-Soße beträufeln.

Mufflon in Kokosmilch

Aus dem Buch: Low Carb Exotisch: ISBN-13: 9783981616569

Zutaten:

- ➢ 400 g Mufflonfleisch
- ➢ 1 rote Paprika
- ➢ 1 Knoblauchzehe
- ➢ 1 EL Tomatenmark
- ➢ 1 EL zuckerfreier Ananassaft
- ➢ 150 ml Kokosmilch (Dose)
- ➢ 1 TL Kokosflocken
- ➢ 3 - 4 EL Olivenöl
- ➢ 1EL Currypaste
- ➢ ½ TL Salz
- ➢ 2 - 3 Prisen Pfeffer

Zubereitung: Mufflonfleisch waschen, trocken tupfen und in mundgerechte Stücke schneiden. Paprika schälen, Kerngehäuse entfernen und in Würfel schneiden. Knoblauchzehe schälen und fein hacken.

Olivenöl in einer Pfanne erhitzen. Fleisch zufügen und scharf anbraten. Paprika, Knoblauch und Tomatenmark zufügen und mit anbraten. Kokosmilch und Ananassaft zufügen, aufkochen lassen und bei schwacher Hitze ca. 5 - 8 Minuten ziehen lassen. Kokosflocken unterheben und mit Currypaste, Salz und Pfeffer abschmecken.

Natürliches Glutamat selbst herstellen

Aus dem Buch: Plötzlich Diabetes: ISBN 9783732247721

Zutaten:

- ➢ 1 ½ große Zwiebeln
- ➢ ½ Knolle Knoblauch
- ➢ 250 g Karotten
- ➢ 175 g Lauch
- ➢ 250 g Tomaten
- ➢ 1 ½ Knollen Sellerie
- ➢ 1 Bund Petersilie
- ➢ 1 Bund Liebstöckel
- ➢ 60 g Meersalz

Zubereitung: Den Backofen auf 90 Grad vorheizen.

Karotten, Lauch, Sellerie, Zwiebeln schälen und putzen. Dann in gleichmäßige Stücke schneiden. Tomaten vom Stielansatz befreien und klein würfeln. Den Knoblauch häuten und klein pressen. Petersilie und Liebstöckel fein hacken. Alles in einer Schüssel gleichmäßig vermengen und auf das Backblech verteilen.

Bei 90 Grad zirka sechs Stunden im Ofen trocknen lassen.

Nicht zu viel Gemüse auf einmal auf das Blech legen – so kann es gleichmäßiger und schneller trocknen.

Im Anschluss die Trockenmasse in einen Mixer geben und fein mahlen. In einem verschlossenen Gefäß ist das Glutamat bis zu zwölf Wochen haltbar!

Zum Würzen benötigt man nur zirka 1 TL Pulver - für etwa 150 ml Flüssigkeit.

Das Eiweißpulver

Eiweißpulver (Proteinpulver) als Mehlersatz

Das Eiweißpulver ist das Multitalent der kohlenhydratreduzierten Küche. Backen und Kochen sind die Leidenschaften von Sabine Beuke und Jutta Schütz. Vor allem hat es den Autorinnen die gesunde Low Carb Küche angetan und die Entwicklung immer neuer Backrezepte mit Eiweißpulver.

Eiweißpulver als Mehlersatz wird immer beliebter in der Low Carb Ernährung, das Pulver hat je nach Firma einen Kohlenhydratwert von zirka 0,8 bis 5,0 pro 100 g.

Das Eiweißpulver wird von Sportlern „eigentlich" für den Muskelaufbau benutzt, es eignet sich aber auch sehr gut zum Backen und Kochen in einer kohlenhydratarmen Ernährung. Man bekommt dieses Pulver in allen möglichen Geschmacksrichtungen (auch mit neutralem Geschmack) und kaufen kann man es in Sportgeschäften, Bodybuilder Shops, großen Supermärkten und Reformhäusern. Wer mehr Infos über das Eiweißpulver erfahren möchte, gibt dieses Wort einfach als Suchfunktionswort ein.

Es gibt nur sehr wenige Low Carb Bücher auf dem Markt in Deutschland „mit Eiweißpulver-Rezepten" und diese Kochbücher von Beuke und Schütz unterscheiden sich von den üblichen Low Carb Büchern. Ihre Rezepte sind in der Regel schnell und unkompliziert umzusetzen und man kann ohne schlechtes Gewissen genießen. Ihre Bücher sind leicht verständlich und alle wichtigen Fakten sind sehr gut und anschaulich erklärt. Die Autorinnen vermitteln Motivation pur und räumen mit alten Vorurteilen auf. Anhand vieler wissenschaftlicher Berichte von Ernährungsforschern nehmen sie die Angst vor einer kohlenhydratarmen Ernährung.

Im Glas backen

Low Carb können Sie auch im Glas backen!

Die Glasgummis in einer Schüssel in heißes Wasser legen. Gläser (500 ml Fassungsvermögen) mit weicher Butter einpinseln. Mit gemahlenen Mandeln ein bröseln. Die restlichen Brösel abklopfen. Den Rand der Gläser sehr gut säubern, sodass man sie nachher wieder verschließen kann. Kuchenteig nur zur Hälfte ins Glas geben.

Die Gläser (Platz zwischen den Gläsern lassen) auf ein Backblech stellen. Auf 180 Grad 35 – 40 Minuten backen. Die Gläser bleiben beim Backen offen! Gläser heraus nehmen und auf ein Holzbrett stellen. Der Glasrand muss einwandfrei sauber sein beim Verschließen. Gläser sofort mit dem nassen Gummi und Klammer verschließen. Haltbarkeit zirka 4 Wochen. Low Carb Kuchenrezepte entnehmen Sie bitte den Back- und Kochbüchern der Autorinnen „Jutta Schütz und Sabine Beuke".

Johannisbrotkernmehl

Johannisbrotkernmehl wird aus dem gemahlenen Samen des Johannisbrotbaumes gewonnen. Diese Pflanze wächst hauptsächlich in den Mittelmeerländern. Die getrockneten Früchte des Strauches sind das Johannisbrot, die geschälten Kerne (Samen) dienen zur Herstellung des Johannisbrotkernmehls.

Das Johannisbrotkernmehl ist in heißem Wasser löslich. In kaltem Wasser bildet es Gele. Daher wird es als Verdickungsmittel und Stabilisator eingesetzt. Johannisbrotkernmehl wird oft in der Low Carb Ernährung benutzt wie z. B. für Soßen, Marmeladen, Gelees, Speiseeis, Backwaren, Obst- und Gemüsekonserven.

Johannisbrotkernmehl wirkt als Ballaststoff und gilt als unbedenklich. Ein übermäßiger Verzehr kann abführend wirken und in Einzelfällen kann Johannisbrotkernmehl Allergien auslösen. Z. B. bei Soja-Allergikern kann es unter Umständen zu Kreuzallergien mit diesem Zusatzstoff kommen. Das

Johannisbrotkernmehl gibt es in Supermärkten oder Reformhäusern und Bioläden zu kaufen. Johannisbrotkernmehl ist Gluten frei, geschmacksneutral, und frei von verwertbaren Kohlenhydraten. Es ist ohne Anrechnung von BE (Broteinheiten) zu verwenden.

1g = ½ Teelöffel = 1 Portion Johannisbrotkernmehl reicht für zirka 100 ml Soße oder kalte Flüssigkeit bzw. 200 ml Suppe oder Speisen, die nur wenig gebunden werden müssen. Kurz: Johannisbrotkernmehl ist ein natürliches Binde- und Verdickungsmittel - als Alternative zu Mehl und Eigelb.

Stevia

In den Medien wird die Stevia-Pflanze, die von einem schweizer Botaniker im Jahr 1887 entdeckt wurde, schon lange diskutiert. Es ist bis heute NICHT wissenschaftlich belegt, dass „Stevia" trotz der hohen Süßkraft auch zahnschonend ist und sogar die Vermehrung der Kariesbakterien hemmt.

Das Süßkraut „Stevia" verspricht ein gesunder Zuckerersatz ohne Kalorien - und dies ganz natürlich und pflanzlich. Der aus einer in Südamerika heimischen Pflanze (Steviarebaudiana) gewonnene Stoff ist europaweit als Süßstoff zugelassen. Stevia wächst als Staude im Gebiet der Amambai-Bergkette im paraguayisch-brasilianischen Grenzgebiet. Den Ureinwohnern ist diese süßende Wirkung seit Jahrhunderten bekannt. Im Jahr 1887 entdeckte ein schweizer Botaniker „Moises Giacomo Bertoni" diese Pflanze und gab ihr 1905 den Namen „Steviarebaudiana Bertoni".

Im Zweiten-Weltkrieg wurde Stevia in Europa unter der Leitung „Royal Botanical Gardens in Kew" angebaut und 1952 bestimmte das „US-Amerikanische National Institute of Arthritis and Metabolic Diseases" die Hauptbestandteile dieser Pflanze. 1954 begann in Japan der Anbau (Im Jahr 1981 wurden 2000 Tonnen verbraucht) und seit Anfang 1970 wird die Pflanze auch in China produziert. Die Zuckerhersteller bangen bereits um ihr Milliardengeschäft.

Nahrungsmittelproduzenten prüfen zurzeit den Einsatz von Stevia und viele Ernährungsbewusste hoffen, dass sich hinter dieser Pflanze ein Wundermittel im Kampf gegen Karies und Übergewicht steckt. In den USA hat die Tafelsüße auf Steviolglykosid-Basis schon einen Marktanteil von rund elf Prozent. Die Lebensmittelchemiker werden wohl noch eine Menge Schokolade, Marmelade und Frühstücksflocken probieren müssen, bevor Stevia wirklich in aller Munde ist. Bedenken, dass Stevia krebserregend und erbgutschädigend sei, hat die Europäische Behörde für Lebensmittelsicherheit „EFSA" 2010 in einem Gutachten ausgeräumt.

In der Werbung heißt es, dass „Stevia" blutzucker- und blutdrucksenkend, gefäßerweiternd, Zahnbelag hemmend und antimikrobiell sei, diese Wirkungen sind jedoch wissenschaftlich umstritten. Steviolglycoside werden durch chemische Verfahren gewonnen, die mit „Natürlichkeit" wenig zu tun haben und dürfen daher nicht als „natürliche Süßstoffe" bezeichnet werden.

Wie alle anderen Süßstoffe, zählen sie zu den Zusatzstoffen und müssen in der Zutatenliste als „Süßstoff Steviolglycoside" oder „Süßstoff E 960" gekennzeichnet werden. Sicher ist auf jeden Fall, dass Stevia eine schöne Balkonpflanze ist und dass man mit den süßen, frischen Blättern den Tee und Nachtisch süßen kann.

Low Carb Infos kurz und knapp zusammengefasst

Low Carb (LC) ist ein englischer Begriff und bedeutet: „wenig Kohlenhydrate". Es geht darum, die Kohlehydratzufuhr in der täglichen Nahrung deutlich zu reduzieren. Es gibt sehr viel Literatur zum Thema Low Carb – ob Anhänger oder Gegner der LC-Ernährung, die Sachverhalte werden unterschiedlich beschrieben.

Eine „Kohlenhydratarme Ernährung" korrigiert den gestörten Stoffwechsel und hilft das Übergewicht zu verringern. Der Blutzucker wird durch diese Ernährungsweise stabilisiert. Diese Art der Ernährung entlastet den Körper in vielen Bereichen. Bei einer Reduzierung der Kohlenhydratauf-

nahme wirkt sich das nicht nur positiv auf den Blutzuckerspiegel aus, sondern auch auf die Bauchspeicheldrüse. Sie schaltet bei der Produktion des Hormons Insulin einen Gang runter, dadurch wird die Gefahr gebannt z. B. an Diabetes zu erkranken.

Eine „Kohlenhydratarme Ernährung" bedeutet nicht auf Kohlenhydrate völlig zu verzichten. Diese Ernährung steht für eine verminderte Aufnahme von Kohlenhydraten. Die Befürchtung, bei der Ernährungsumstellung eine Mangelerscheinung zu bekommen, kann widerlegt werden.

Die LC Ernährung wird bei folgenden Krankheiten eingesetzt:

Diabetes Typ 2	Rheuma
Gicht	Migräne
Verstopfung & Blähungen	Sodbrennen
Krebs	Epilepsie
Übergewicht/Adipositas	AD(H)S
Hautausschlägen & Akne	erhöhte Cholesterinwerte
Magen- & Darmgeschwüren	Reizdarm
Schizophrenie	Parkinson
Alzheimer	Autismus
Wechseljahresbeschwerden	Pubertät
Entzündungsprozesse der Schleimhäute	

Neues Low Carb Buch

ISBN: 978-3-9450-1509-4

Low Carb Spezial: Theorie und Praxis für Anfänger geeignet

Autorin: Jutta Schütz

Verlag: A.S. Rosengarten-Verlag

Sprache: Deutsch - 188 Seiten - 14,80 Euro

Buchbeschreibung: Am Anfang einer jeden Ernährungsumstellung ist es nicht einfach zu wissen, was man essen darf und wie eine Umstellung auf eine "Low Carb Ernährung" überhaupt umzusetzen ist. Sie sollte gut durchdacht sein, um wirklich zum Ziel zu kommen und dem Lifestyle, den Gewohnheiten und individuellen Präferenzen zu entsprechen. Fragen über Fragen, deren Antworten man im Internet schwer in kompakter Form finden kann. Lesen Sie in diesem Buch alles, was Sie über die Low Carb Ernährung wissen müssen. Im Anschluss der Theorie hat die Bestsellerautorin "Jutta Schütz" 200 abwechslungsreiche Low Carb Rezepte zusammengestellt. Egal, ob Fisch, Fleisch, Salat, Frühstücksideen, Brot, Kuchen oder Vegetarisches in der Low Carb Variante - hier werden Sie fündig.

Low Carb
Infos zur Low Carb Ernährung
Rezepte
andere Gesundheitsbücher und mehr...

Das kostenlose Buch

Presse zu diesem Buch: © 2014 Heike Führ

http://www.news4press.com/Ein-kostenloses-PDF-Buch-zum-Downloaden-_809624.html

Ein kostenloses PDF-Buch zum Downloaden von Jutta Schütz – ein besonderes Gesundheitsbuch – kreativ, vielseitig und völlig anders! Es enthält unter anderem viele kreative und ausgefallene Rezept-Variationen zu Low Carb, wichtige gesundheitlich medizinische Informationen, Buch-Tipps und Vieles mehr. Dem Musiker und Entertainer Jürgen Drews hat sie ein Rezept gewidmet, das sie vorstellt; genauso wie dem Musiker Peter Führ, alias KID BLUE. Mehr über dieses Buch erfahren Sie, wenn Sie den Link oben eingeben und die ganze Pressemitteilung lesen.

Das Buch befindet sich auf der Webseite von Jutta Schütz:

http://www.jutta-schuetz-autorin.de/

Weitere Bücher von Jutta Schütz

ISBN-13: 978-3981616576
A.S.Rosengarten-Verlag

ISBN-13: 978-3981616569
A.S.Rosengarten-Verlag

ISBN-13: 978-3981616569
A.S.Rosengarten-Verlag

ISBN-13: 978-3981616514
A.S.Rosengarten-Verlag

ISBN-13: 978-3981616521
A.S.Rosengarten-Verlag

ISBN-13:978-3945015094
A.S.Rosengarten-Verlag

ISBN-13: 978-3945015056
A.S.Rosengarten-Verlag

ISBN-13: 978-3981616590
A.S.Rosengarten-Verlag

ISBN-13: 978-3732243280
Books on Demand

ISBN-13: 978-3732234929
Books on Demand

ISBN-13: 978-3732244621
Books on Demand

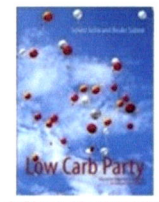
ISBN-13: 978-3732232505
Books on Demand

ISBN-13: 978-3732247721
Books on Demand

ISBN-13: 978-3842375406
Books on Demand

ISBN-13: 978-3844809084
Books on Demand

und mehr (siehe Webseite)